DE LA RÉFORME

DE LA LOI

ÉLECTORALE

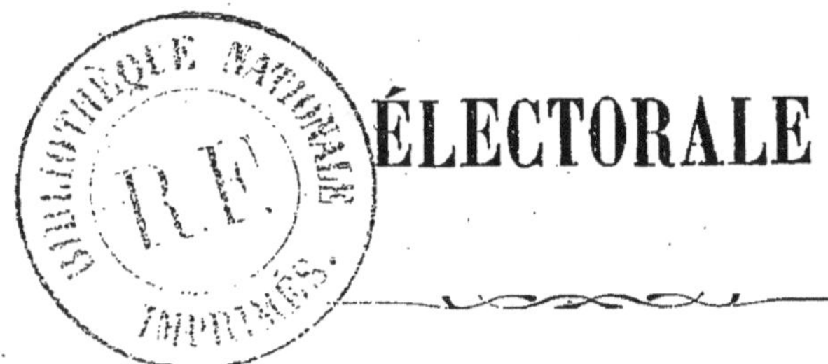

ABOLITION DU SCRUTIN DE LISTE

CAEN

E. LE GOST-CLÉRISSE, ÉDITEUR

rue Ecuyère, 36

—

1871

DE LA RÉFORME

DE LA LOI

ÉLECTORALE

ABOLITION DU SCRUTIN DE LISTE

> Si on a dit avec justesse : La
> procédure est la vie de la loi ;
> on peut dire avec autant de
> justesse : La loi électorale est la
> vie du gouvernement du pays
> par le pays.

Qui ne se sentirait ému aux douloureuses crises que traverse la patrie ?

C'est sous l'impression de ce sentiment qu'un Électeur inconnu s'adresse au public pour provoquer l'abolition du vote au scrutin de liste et comme conséquence du vote par département.

Il a la conviction de satisfaire un sentiment, un besoin ressenti dans tout le pays.

Il abordera donc de suite son sujet.

Cependant, au début, il croit devoir rappeler en principe qu'une loi électorale doit avoir pour but, avant tout, de faciliter à tous les citoyens le moyen de choisir leur député, et d'arriver ainsi à composer une Chambre, dans laquelle il doit se produire une majorité conforme à l'esprit général du pays, satisfaisant surtout à ses besoins du moment.

I.

Considérations générales.

Le scrutin de liste met les électeurs des départements dans la nécessité d'accepter une liste de candidats à la députation élaborée par un ou deux comités improvisés au chef-lieu du département.

L'immense majorité des électeurs ne connaît ni la personne ni les opinions des candidats présentés, si ce n'est par la couleur ultra-conservatrice ou ultra-radicale de l'un et de l'autre comité, siégeant au chef-lieu. — Quant au comité représentant les idées modérées et faisant la part des idées exagérées de ces deux camps opposés, il ne s'en est pas encore fondé.

Le comble de la modération d'un comité est de faire la part aux opinions les plus opposées.

Que peut-il sortir des élections faites dans ces conditions ? — Une majorité peu homogène, qui semble, malgré ses actes, indécise aux yeux du pays si fortement ébranlé.

Comme conséquence, une Chambre sans grande action sur le pays et un pays ayant peu d'action sur elle, disent un grand nombre d'électeurs.

Sans la légitime influence qu'exerce M. Thiers, dont les multiples élections dénotent assez vers quel côté le pays penche — celui-ci serait livré aux plus cruelles incertitudes.

Les mesures prises jusqu'à ce jour par le ministère, *d'accord avec la Chambre,* sont excellentes pour arriver à mettre le pays en état de se reconnaître. La réorganisation des conseils municipaux et généraux est une mesure à laquelle tout le monde doit applaudir.

Mais, le couronnement de l'œuvre est d'arriver à savoir par une nouvelle représentation du pays ce qu'il veut sincèrement.

Il n'est pas douteux que l'immense majorité du pays comme de l'Assemblée ne veut pas de nouvelles crises; mais, comment cette majorité se dégagera-t-elle de tous les partis qui veulent profiter des circonstances pour sauver le pays chacun à sa manière ? — Comment se dégagera-t-elle des entrailles du pays, si la loi électorale ne lui permet pas de la manifester clairement par le choix de députés sortis de son sein, vivant de sa vie, en contact directement et journellement avec lui — et non par l'intermédiaire, par le moyen artificiel d'un comité improvisé dont les membres eux-mêmes ne connaissent qu'un ou deux candidats, et n'ont entendu discuter les opinions des autres que dans une courte réunion publique ?

Ce n'est pas certes par le scrutin de liste qu'une majorité ferme et résolue se dégagera.

II.

Impraticabilité du scrutin de liste.

Il n'est aucun esprit réfléchi, qui n'ait été frappé des inconvénients du scrutin de liste, de son impraticabilité ; — car, pour un député, la première condition de bien exercer son mandat, est apparemment d'avoir la confiance de ses électeurs, d'établir des relations avec eux : — c'est le devoir de tout mandataire. — Si le député ne se fait pas connaître de ses électeurs, n'a aucune relation avec eux, parce que les électeurs sont trop nombreux , trop éloignés de lui, répandus sur un vaste département où il est seulement connu de quelques voisins : comment pourra-t-il croire qu'il inspire confiance à tous les électeurs de son département, et comment ceux-ci pourront-ils avoir confiance dans un inconnu ? Comment cette confiance, qui doit amener une communauté d'idées, de vues, pourra-t-elle s'établir ?

La session terminée, ira-t-il dans tous les cantons, dans toutes les communes de son département rendre compte de la manière dont il a accompli son mandat, débattre les questions annoncées pour la nouvelle session? C'est impraticable.

Les convoquera-t-il au chef-lieu du département, dans une réunion générale? Tout cela encore une fois est impraticable.

Les dix ou quinze députés du département feront-ils ensemble une tournée électorale?... .

Loin que le suffrage universel, qui a plus que décuplé les électeurs, rende nécessaire de développer l'étendue de la circonscription électorale, plus celle-ci, au contraire, doit être resserrée. — La question de réforme électorale avant 1848 ne portait que sur l'extension à donner au Corps électoral et non à la circonscription que personne n'attaquait.

C'est donc un besoin impérieux d'en revenir à la division de la France par arrondissements électoraux.

III.

Permanence des relations au chef-lieu d'arrondissement et non au chef-lieu du département.

Le chef-lieu du département n'est pas le lieu de rendez-vous permanent des habitants du département. — Les rapports entre eux n'y sont qu'accidentels. — Il est inutile d'invoquer la statistique; pour tout le monde le fait est évident.

Il n'y a pas au chef-lieu de département en général

d'autre attraction que celle du siége de l'administration départementale, à moins d'y établir un tribunal pour tout le département : comme conséquence , supprimer le tribunal civil — celui de commerce même , — transformer les notaires de l'ancien chef-lieu judiciaire d'arrondissement en notaires de canton, supprimer la conservation des hypothèques, etc. Ces changements, à coup sûr, ne seront guère du goût des habitants de l'arrondissement, la ville devenant ainsi un bourg de première classe , soit dit en passant.

Au contraire, c'est au chef-lieu d'arrondissement que s'établissent au moins pour le plus grand nombre des électeurs, les relations , les rapports permanents par les tribunaux, les halles et marchés, par les études des notaires qui concentrent la plupart des affaires de l'arrondissement , la conservation des hypothèques, etc.; — parce qu'en un mot, tous les besoins journaliers de la vie y trouvent leur satisfaction.

IV.

L'arrondissement électoral doit l'emporter.

Ces rapports fréquents entre les habitants d'un même arrondissement pour les besoins de leurs transactions civiles et commerciales , et pour leurs agissements de toute nature , facilitent les moyens de s'entendre, de se concerter pour le choix d'un député qu'ils pourront connaître personnellement ou dont ils connaîtront les opinions politiques.

Tandis que, au contraire, ils ne peuvent s'entendre avec les électeurs des cinq ou six autres arrondissements de leur département pour la nomination de dix ou douze députés, qu'à coup sûr, ils ne pourront connaître, dont ils ne connaîtront pas même les opinions ; — de là pas de liens politiques entre les électeurs et les députés, à part le fait de l'élection.

En fait, n'est-il pas vrai qu'en 1848, comme aux dernières élections, chaque arrondissement a essayé d'avoir un député, le représentant spécialement ou pris dans son sein ? — De cette manière, les électeurs ont toujours protesté autant qu'ils le pouvaient contre le scrutin de liste et le vote par département, au point souvent de soutenir un candidat dont ils ne partageaient pas les opinions politiques.

Voilà ce qui arrive aux réformateurs, quand ils méconnaissent les intérêts et les besoins des populations. — Elles protestent de toute manière.

D'après la loi et le tableau des circonscriptions de 1831, pour le Calvados, Caen, ville qui est le principal centre commercial de la Basse-Normandie, où siégent une Cour, une Académie ; — Caen, qui a une École de droit, une École secondaire de médecine, à son député ; — le surplus de son arrondissement, essentiellement agricole, a sa représentation ; — chacun des autres arrondissements du département a la sienne. — Dans l'un, l'élément commercial, industriel l'emporte ; dans l'autre, l'élément agricole ; — il y a dans tous les cas, une espèce de balance , d'équilibre dans les divers intérêts représentés.

Dans la Seine-Inférieure, sur 11 députés, la ville de Rouen en a 3, — la ville du Hâvre 1, — celle de Dieppe, avec trois cantons, 1 ; — donc 5 députés pour les villes, — 6 pour les arrondissements agricoles.

Chaque circonscription est la France en petit; mais avec sa vie propre dont le chef-lieu, ville du groupe d'habitants formant l'arrondissement, est la tête et la principale artère.

Descendons dans la réalité des choses : — Est-ce que les 459 circonscriptions de 1831 ne sont pas aussi bien la France que les 86 départements d'alors?

Pourquoi tout un département concourt-il à nommer soit 10 ou 15 députés inconnus de la majorité des électeurs, hormis deux ou trois candidats ayant une notoriété politique ou professionnelle?— Est-ce pour rendre la majorité des choix impossible à l'électeur?

Pour rejeter les divisions établies en 1831, contre lesquelles jamais personne n'avait protesté, on objectera la différence qui peut se rencontrer dans le chiffre de la population, entre les divers arrondissements électoraux.

Selon nous, il ne s'agit pas de considérer les électeurs comme des chiffres, mais bien d'obtenir une bonne, une complète représentation ayant de la vie ; —pour cela, il faut faire la part à tous les intérêts, à toutes les influences légitimes du pays.

V.

Nécessité des sections électorales.

L'idéal serait de réunir tous les électeurs de la même circonscription, en une seule assemblée, au chef-lieu de la circonscription.

Mais l'impossibilité de le faire conduit à établir des sections.

Les raisons qui portèrent le législateur de 1831, qui ne faisait en cela que suivre les traditions existant depuis 1789, à ce que chaque section ne fût pas au-dessous d'un certain nombre d'électeurs existent toujours : Premièrement, la nécessité d'assurer l'indépendance des électeurs, qui ont à lutter contre les influences diverses qui pèsent sur eux dans les petites communes. — Deuxièmement, la nécessité d'avoir un bureau composé d'hommes capables. — Troisièmement, les facilités que doivent avoir les candidats: 1° pour se faire connaître des électeurs; 2° pour distribuer leurs bulletins; 3° pour surveiller les opérations du scrutin et les manœuvres de concurrents peu scrupuleux dans leurs procédés.

Tout cela est impossible, impraticable dans les 150 communes d'un arrondissement; et cependant, sans cela, pas d'élections sincères.

Le déplacement au chef-lieu de canton n'est pas excessif. — Il faut bien que l'électeur y aille chercher justice, et la justice est un besoin de chaque jour.

VI.

Nécessité d'une réunion préalable à l'ouverture du scrutin.

Sous la loi de 1831, le collège électoral ou les sections le composant, élisaient un président et des scrutateurs composant un bureau définitif.

Cette première opération mettait les électeurs et les candidats ou leurs amis politiques en présence.

Pourquoi ne pas organiser à nouveau cette première réunion avec de bonnes garanties d'ordre, pour le dimanche qui précède l'élection.

La nécessité en est évidente, si l'on ne veut pas que les élections soient le résultat de la surprise.

Avec une réunion préparatoire précédant d'une semaine l'élection, la vie nécessaire au corps électoral se manifestera et la province sortira ainsi de son rôle passif.

§

Aperçu historique.

Il faut jeter maintenant un coup-d'œil sur le côté historique des questions débattues ci-dessus. Les précédents sont toujours bons à consulter.

Notre première loi électorale est émanée de l'Assemblée constituante : c'est la loi fondamentale du 22 décembre 1789.

Les députés sont nommés par département. (Il s'agissait alors d'unifier la province.) Le département est divisé en assemblées primaires cantonales. — L'élection a lieu au deuxième degré par des électeurs nommés dans chaque assemblée primaire ou section. — Les représentants sont élus au *scrutin individuel* dans la réunion des électeurs délégués et alternativement dans les *chefs-lieux des différents districts* de chaque département.

Ceci est à noter.

Le nombre des représentants à nommer à l'Assemblée nationale est distribué dans tous les départements, selon les trois proportions *du territoire, de la population et de la contribution.*

« Les départements doivent envoyer un nombre « de représentants proportionné non-seulement aux « forces relatives de leur population, mais encore à « tous leurs autres rapports de valeurs politiques, » porte avec raison la mémorable instruction accompagnant la loi.

La Constitution du 24 juin 1793 prend la population pour seule base de la représentation. L'élection est directe.

Il y a un député à raison de 40,000 individus.

Cette base se rapproche de celle du dernier Empire, sauf la question du nombre des électeurs.

La Constitution du 5 fructidor an III rétablit l'élection à deux degrés, comme sous la loi de 1789. Chaque département concourt à raison de sa population seulement à la nomination du Conseil des Cinq Cents.

Sous la Restauration, d'après la loi du 30 juin 1820, la Chambre des députés était composée de 430 membres, savoir : 258 nommés par les colléges d'arrondissement et 172 par les colléges de département.

On a cru devoir indiquer seulement en quelques mots l'esprit de la loi du 19 avril 1831 et renvoyer au tableau des circonscriptions électorales au nombre de 459.

Conclusion.

Le législateur de 1831, à part la question du cens électoral, avait profité de l'expérience du passé, et rien aux yeux d'un homme impartial ne justifie l'abolition des circonscriptions électorales par ville et arrondissement, abolition, au reste, qui n'a jamais été discutée devant le public intéressé.

Que de gens qui avaient applaudi, par esprit de nouveauté, au scrutin de liste inventé par le gouvernement provisoire de 1848, en sentent aujourd'hui les défauts ! — Ce système n'a enfanté que la confusion. — Les villes sont sans représentation spéciale ; les électeurs des campagnes, comme ceux des villes, ne reçoivent d'impulsion que des comités improvisés au chef-lieu de département ; par conséquent, il n'y a pas l'ombre de la vie politique dans les arrondissements et leurs chefs-lieux.

Il faut bien avouer que, depuis vingt ans, la partie éclairée du pays s'est désintéressée des luttes électorales, grâce à ce que les électeurs des campagnes ont toujours voté sous la pression administrative, et grâce à l'antagonisme, entretenu avec tant d'habileté, entre l'esprit des villes et des campagnes.

Celles-ci, sans en prévoir les conséquences, se sont laissé mener par une réaction sans mesure, fatale au pays.

On s'est bien gardé de leur enseigner que leur prospérité était due au développement industriel des villes, à la construction des chemins de fer, œuvre des villes, créée au début par leurs capitaux. Tout ce qui pouvait rapprocher les campagnes des villes a été soigneusement écarté, et pour cause.

Le moment est arrivé, et il se fait vivement sentir, de rétablir cette fusion si nécessaire entre les sentiments et les opinions des villes et des campagnes, sans pour cela confondre tous les intérêts spéciaux, le libre mouvement de chaque groupe. C'est par les villes d'arrondissement que cette fusion peut seule se faire.

Le chef-lieu du département est trop éloigné de la majorité des électeurs pour exercer son influence sur tout le département.

Une bonne loi électorale est donc urgente pour permettre au pays, aussitôt que les circonstances le permettront, de faire connaître à nouveau sa volonté, si l'Assemblée ne veut ni ne peut en trancher

définitivement les destinées. — Il faut espérer, qu'a-
vec le secours d'une bonne loi , il sortira une majorité ferme et résolue, qui ne permettra pas que les
déclarations de M. Thiers restent sans leur effet,
cette mesure seule peut pacifier complètement notre
malheureux pays, après de si cruelles luttes!

C'est au pays à hâter ce moment, tout en se grou-
pant autour de l'Assemblée nationale, à user respectueusement de son droit de pétition pour lui demander
cette réforme dont le besoin est impérieux.

Électeurs, pétitionnons donc au plutôt.

La part faite au libre examen de leurs opinions, de
leurs actes , nous devons notre respect à nos élus.
Tirons au moins quelque sagesse de nos malheurs,
si nous voulons fonder une démocratie durable.

Électeurs, pétitionnons donc respectueusement.

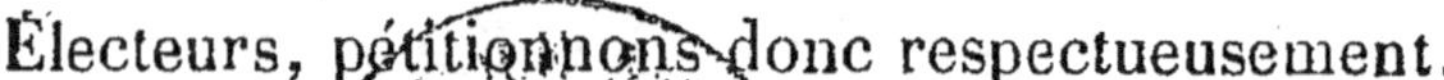